하나님이 부활절을 주셨단다

리사 타운 버그렌 글 | 로라 J. 브라이언트 그림
김진선 옮김

몽당연필

글쓴이 • 리사 타운 버그렌
60권이 넘는 책을 쓴 베스트셀러 작가이다. 어린이를 위한 〈하나님이 주셨단다〉 시리즈와 십대를 위한 〈시간의 강〉 시리즈가 대표작이다. 성인 대상 소설 시리즈는 〈수거 바론의 딸들〉, 〈그랜드 투어〉, 〈홈워드 3부작〉이 있다.

그린이 • 로라 J. 브라이언트
메릴랜드예술대학을 졸업했으며, 그곳에서 그림과 출판에 대한 감각을 익혔다. 미국의 유명한 여러 출판사들과 같이 그림 작업을 하고 있으며 현재 사랑하는 남편과 무지 심술궂은 고양이와 함께, 대서양 연안 메릴랜드주 동쪽 해안의 조수가 넘나드는 강들 사이에서 살고 있다.

옮긴이 • 김진선
한국외대 영어교육과를 졸업했고 아세아연합신학교 신학 석사과정을 수학했다. 지금은 목회와 신학 연구소에 재직하고 있으며, 『목적이 이끄는 삶으로 떠나는 마음여행』(디모데), 『예술과 기독교』(IVP), 『기도 그리고 확실한 응답』(알돌기획), 『책별로 성경을 어떻게 가르칠 것인가』(성서유니온) 등 많은 기독 서적을 번역했다.

하나님이 부활절을 주셨단다

초판 1쇄 펴낸 날 2013년 3월 15일
초판 3쇄 펴낸 날 2024년 5월 24일

글쓴이 • 리사 타운 버그렌 | 그린이 • 로라 J. 브라이언트 | 옮긴이 • 김진선
펴낸이 • 박종태 | 마케팅 • 강한덕 박상진 박다혜 전윤경 | 관리 • 정광석 김태영 박현석 김신근 정영도 최영주 조용희 이용주
펴낸곳 • 몽당연필 | 등록 • 2004년 4월 29일 제2022-000001호
주소 • 경기도 파주시 월롱산로 64 1층(야동동) | 전화 • 031-907-0696 | 팩스 • 031-905-3927
공급처 • (주)비전북 | 전화 • 031-907-3927 | 팩스 • 031-905-3927 | ISBN 978-89-89833-74-1 73230

God Gave Us Easter

Text copyright © 2012 by Lisa Tawn Bergren
Illustrations copyright © 2012 by Laura Bryant
Originally Published in English in the United States by WaterBrook Multnomah, an imprint of the Crown Publishing Group, a division of Random House Inc., New York.

This Korean Edition Copyright © 2013 by Short pencil Books, Seoul, Republic of Korea
This Korean translation published by arrangement with WaterBrook Press, an imprint of The Crown Publishing Group, a division of Random House, Inc. through rMaeng2, Seoul, Republic of Korea.

All rights reserved.

이 한국어판의 저작권은 알맹2 에이전시를 통하여 Random House, Inc. 와 독점 계약한 몽당연필에 있습니다. 신 저작권법에 의하여 한국 내에서 보호받는 저작물이므로 무단전재와 무단복제를 금합니다.

※잘못된 책은 바꾸어 드립니다.

아바와 레나에게

부활절의 약속이 얼마나 놀라운지
알게 되길 바라며…….

−리사 이모가

"저는 부활절이 정말 좋아요." 아기 곰이 말했어요.

"아빠도 그렇단다. 크리스마스보다 훨씬 더 좋은걸." 아빠 곰이 말했어요.

"크리스마스보다 더 좋다고요? 왜요?"

"크리스마스에는 예수님의 생일을 축하하지만 부활절은 예수님과 영원히 함께 있음을 기억하는 날이거든."

"영원히라고요?"

"그래, 영원히. 하나님이 부활절을 주신 이유가 바로 그것 때문이란다."

"나는 부활절 토끼가 좋아요."
아기 곰의 여동생이 신이 나 말했어요.

"사탕도!"
아기 곰의 남동생이 질세라 거들었어요.

"부활절 토끼는 산타 할아버지하고 비슷하단다." 아빠 곰이 말했어요.

"부활절 토끼를 보면 부활절 아침에 받는 선물과 재미있는 놀이가 생각나잖니? 그렇지만 우리에게 부활절을 주신 분은 하나님이시란다. 하나님이 오랫동안 생각해 두신 이야기가 있는데 부활절은 그 이야기의 한 부분이야."

"아빠, 하나님이 어떻게
부활절을 주셨는지
이야기해 주세요. 네?"

"이 달걀이 보이니?"
아빠 곰이 물었어요.

"이건 상징이야. 기억하는 데 도움을 주는 거지. 병아리가 달걀 껍질을 깨고 나온다는 건 알지? 예수님이 무덤에 묻히셨다는 것도 알고 있을 거야. 그런데 예수님은 무덤 속에 그대로 계실 수가 없었어."

"네? 무덤 속에 계실 수가 없었다고요?"

"그래. 죽음도 하나님의 아들을 가두어둘 수는 없었단다. 그분은 생명이시거든. 게다가 하나님은 우리를 너무나 사랑하셔서 늘 우리와 함께 있고 싶어 하신단다. 주위를 둘러보면 부활절의 의미를 알려주는 상징들이 아주아주 많아."

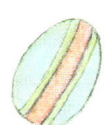

아기 곰과 아빠 곰은 산책을 나갔어요. 폭풍에 쓰러진 커다란 나무가 보였어요.

"하나님은 예수님이 한 가정에서 태어난다고 말씀해 주셨어. '이새의 뿌리'에서 태어난다고 하셨지. 이새와 그 아내에게는 자녀들이 있었어. 그 자녀들이 자녀들을 낳았고, 또 그 자녀들이 자녀들을 낳았단다."

"그 자녀 중에 한 분이 예수님이에요?"

"그래, 아가야. 하나님은 예수님이 부활절을 만드시리라는 걸 내내 알고 계셨단다."

"이렇게 큰 나무가 쓰러져 죽다니 슬퍼요."
아기 곰이 말했어요.

"그렇구나. 그런데 이 나무가 죽으면서 새로 난 아기 나무들이 가지를 뻗을 곳이 생겼단다. 저 커다란 나뭇가지들이 막지 않으니 햇살을 듬뿍 받을 수 있게 되었잖니?"

"그런데 이 솔방울들은 왜 바닥에 떨어져 있을까? 이 솔방울의 씨가 퍼져서 이렇게 아기 나무가 자라는 거야. 죽으면서 생명이 싹트는 거지. 하나님은 이런 씨를 통해 부활절을 보게 하신단다."

"저는 아직 죽기 싫어요."

"아빠도 그래. 우리는 삶을 사랑하도록 창조되었어. 하나님은 생명을 사랑하신단다. 그런데 때때로 더 소중한 걸 얻기 위해 버려야 할 때가 있어."

"이 강을 한번 생각해 보자꾸나, 아가야. 강이 흘러 흘러 어디로 가지?"

"바다로 가지요!"

바다를 무척 좋아하는 아기 곰이 큰 소리로 대답했어요.

"그래. 바다로 간단다. 작은 강들이 모여 커다란 바다를 이루는 거야. 우리에게 천국은 바로 이런 바다와 같아. 하나님이 부활절을 주셔서 우리는 바다처럼 더 큰 천국에 갈 수 있단다. 지금은 기도를 통해 예수님을 만나지만 천국에 가면 예수님을 직접 뵐 수 있을 거야."

"예수님은 천국에서 그냥 그대로 기다릴 수 없으셨나요?"

"옛날에 하나님의 자녀들은 하나님의 말씀을 들으려 하지 않았단다. 더 이상 하나님을 믿지 않으려 했지. 그 모습에 하나님은 너무나 화가 나고 슬프셨어. 그래서 무서운 홍수를 보내시고 노아와 그 가족으로 완전히 새로 시작하려고 하셨어."

"북극곰들도 함께 탔던 방주 말씀이지요?"

"그래. 기린도, 원숭이도, 거북이도 함께 탔었지!"

"홍수가 물러가자 하나님은 절대 다시는 그런 홍수를 보내지 않겠다고 약속해 주셨어."

"후유, 정말 다행이에요." 아기 곰이 안심이 된 듯 한숨을 쉬었어요. 아기 곰은 물을 좋아했지만 땅도 좋아했거든요.

"그래, 다행이야. 홍수가 끝나고 하나님은 약속의 표시로 무지개를 주셨어. 그런데 하나님의 말씀을 잘 듣겠다던 사람들은 또 불순종하는 잘못을 저질렀어. 하나님은 영원히 자기 자녀들과 헤어지지 않을 방법을 찾으셔야 했단다. 자기 자녀들인 우리하고 함께 있기를 너무나 원하셨거든."

"우리는 약속을 어겨도 예수님은 약속을 지키시는 분이란다.
우리가 나쁜 일을 해도 예수님 때문에 하나님의 용서를
받을 수 있어."

"우리 모두 다요?"

"그래. 예수님을 믿는 사람은 모두 다.
하나님이 부활절을 주신 게 바로 그 때문이거든."

"아빠는 예수님과 이야기하나요?"

"그럼, 하루도 빼먹지 않고 하루 종일 이야기하지." 아빠 곰이 말했어요.

"그러면 예수님도 대답해 주시나요?"

"그래. 마치 속삭이듯이 마음에 대고 말씀해 주신단다."

"마음에요? 귀가 아니고요?"

"그래, 마음으로 듣는 거야. 하지만 예수님의 음성은 온 마음을 다해야 들린단다."

집으로 돌아오는 내내 아기 곰은 아무 말도 하지 않았어요.
마음으로 듣는 연습을 했거든요.

가만히 들어 보았어요.

또 들어 보았어요.

마음의 소리를 들으려고 했어요.

그날 밤, 아빠 곰과 엄마 곰이 안아서 침대에 눕힐 때도 아기 곰은 예수님의 음성을 들으려고 했어요. 아빠 곰과 엄마 곰이 뽀뽀를 하고 나가자 아기 곰은 바로 하나님의 자녀라는 사실을 또 떠올렸어요.

그러자 아기 곰은 솜털 구름에 안긴 듯 마음이 포근하고 기분이 좋아졌어요.
예수님이 아기 곰의 마음에 대고 사랑한다고 속삭이시는 것 같았어요.

"저도 예수님을 사랑해요."
아기 곰은 가만히 속삭였어요.
"예수님, 우리에게 부활절을 주셔서
감사드려요."

그 다음날 아침, 아기 곰은 싱글벙글 웃는 얼굴로 말했어요.
"아빠, 어젯밤에 예수님의 목소리를 들었어요."

"정말이니? 우리 아기가 가장 멋진 부활절 선물을 받았구나. 그래 무엇이라 말씀하셨니?"
아빠 곰은 아기 곰을 안아 주며 말했어요.

"사랑한다고요."

"우와. 정말 좋겠구나! 완벽해.
부활절이 바로 이런 거란다."

함께 보시면 더욱 좋아요!

하나님이 너를 주셨단다   하나님이 동생을 주셨단다   하나님이 크리스마스를 주셨단다

하나님이 천국을 주셨단다   하나님이 사랑을 주셨단다   하나님이 세상을 주셨단다   하나님이 천사를 주셨단다   하나님이 잠을 주셨단다

하나님이 감사하는 마음을 주셨단다   하나님이 가족을 주셨단다   하나님이 기도를 주셨단다   하나님이 성경을 주셨단다

전 세계에서 250만 부 이상 판매된 세계적인 베스트셀러!